TIME
*FOR KIDS*

# Tecnología
## Hazañas y fracasos

**Stephanie Paris**

# Consultores

**Dr. Timothy Rasinski**
Kent State University

**Lori Oczkus**
Consultora de alfabetización

**Matt Heverly**
Ingeniero de la NASA

**Basado en** textos extraídos de
*TIME For Kids*. *TIME For Kids* y el logotipo
de *TIME For Kids* son marcas registradas
de TIME Inc. Utilizados bajo licencia.

## Créditos de publicación

Dona Herweck Rice, *Jefa de redacción*
Conni Medina, *Directora editorial*
Lee Aucoin, *Directora creativa*
Jamey Acosta, *Editora principal*
Lexa Hoang, *Diseñadora*
Stephanie Reid, *Editora de fotografía*
Rane Anderson, *Autora colaboradora*
Rachelle Cracchiolo, *M.S.Ed., Editora
comercial*

**Créditos de imágenes:** contratapa, pág.38
Doug Duncan [LC-BY-SA-3.0], via Wikimedia;
pág.24 Associated Press; pág.8 The School of
Salernum (1922) via Google Books; pág.28
(arriba) Giraudon/Bridgeman Art Library; pág.18
LOC [LC-DIG-ggbain-04851]; pág.20 (arriba)
LOC [LC-USZ62-66023]; pág.30 LOC [LC-G9-Z2-
28608-B]; pág.12 (arriba) Hulton Archive/Getty
Images; págs.20–21 SSPL via Getty Images;
págs.27 (centro), 36 iStockphoto; pág.28 (abajo)
AFP/Newscom; págs.17, 22, 27 (derecha), 40, 41
(arriba y abajo) akg-images/Newscom; pág.26
akg/Bildarchiv Steffens/Newscom; pág.15
(arriba) Caters News Agency Ltd/Newscom;
págs.21 (abajo), 40 (arriba) KPA/United Archives/
WHA/Newscom; pág.13 (abajo) MCT/Newscom;
págs.20, 41 (medio) (arriba) picture-alliance/dpa/
Newscom; pág.10 (fondo) Jeff Hageman, M.H.S./
Centers for Disease Control and Prevention;
pág.15 Volle Auflösung, via Wikipedia;
págs.32–33, 37 Janelle Bell-Martin; todas las
demás imágenes de Shutterstock.

## Teacher Created Materials

5301 Oceanus Drive
Huntington Beach, CA 92649-1030
http://www.tcmpub.com
**ISBN 978-1-4333-7102-8**
© 2013 Teacher Created Materials, Inc.
Printed in China
Nordica.052019.CA21900468

# Tabla de contenido

# Invención

Las ideas nuevas generan invenciones nuevas. La mayoría de los elementos que usamos a diario fueron inventados por los humanos. Hace mucho tiempo, alguien vio la necesidad de una silla y entonces hicieron una. Hoy, alguien puede descubrir una manera de fabricar un aparato nuevo o, quizá, existe una manera más fácil de hacer algo, como tomar un baño. La **tecnología** incluye a la electrónica, como computadoras o teléfonos celulares, pero también incluye cosas simples como una rueda o una aguja. De cualquier manera, la tecnología está diseñada para facilitar nuestras vidas o lograr que sean más placenteras.

La mayoría de las invenciones pasan desapercibidas fácilmente. Son cambios pequeños. Si alguien inventa un nuevo tipo de rueda para las patinetas, ¿quién lo sabrá? Los patinadores profesionales estarán encantados y sus fanáticos notarán la diferencia. Pero la mayor parte del mundo nunca sabrá que algo ha cambiado.

A veces, alguien inventa algo que cambia al mundo. ¿Cómo sería la vida sin teléfonos o electricidad? Pero no todas las invenciones son un éxito. Por cada **hazaña** nueva, hay por lo menos un gran fracaso.

**PARA PENSAR**

- ¿Cómo se desarrolla la tecnología nueva?
- ¿Por qué los fracasos y los errores representan una gran parte del éxito?
- ¿De qué modo han mejorado nuestras vidas los avances en la ciencia, la tecnología y la ingeniería?

# Salud y supervivencia

Los videojuegos y los libros hacen nuestras vidas más divertidas. Algunas invenciones, como los clips para papeles y los automóviles, facilitan la vida. Otro tipo de tecnología mejora nuestras posibilidades de supervivencia. Los avances médicos y de la salud hacen que la gente sea más saludable. Dan batalla a las enfermedades y alivian el dolor. Ayudan a las personas a vivir más tiempo. Y cuanto más vivimos, ¡más tiempo tenemos para inventar cosas nuevas!

## Hazaña fascinante

La invención de la máquina de rayos X les permitió a los médicos ver la parte interna de nuestros cuerpos sin necesidad de realizar cortes en ellos.

# Peligros en el hogar

Más de 300 millones de personas de todo el mundo sufren de **asma**. Es una afección que puede dificultar la respiración. Las personas con asma tienen reacciones fuertes al moho. Pero, con el correr del tiempo, hemos perfeccionado la receta química para las soluciones de limpieza. Alguien inventó una solución de limpieza que mata al moho y previene su crecimiento en nuestros hogares.

# Una descarga real

Desde que existen las personas, existen los excrementos humanos. En la antigüedad, las personas los enterraban en un agujero, pero cuando se trasladaron a las ciudades, no había espacio. Se necesitaba tecnología nueva.

En 1596, Sir John Harington inventó un inodoro con sistema de descarga. Este invento emocionó a la reina Isabel I. Pero pasaron 200 años antes de que los inodoros con sistema de descarga se usaran en todos lados.

Sir John Harington

## De bajo caudal

Antes de 1990 los inodoros usaban más de 3.5 galones de agua en cada descarga. Pero los inodoros más nuevos de bajo caudal usan 1.6 galones de agua en cada descarga. Eso significa un ahorro de más de 11,000 galones de agua por hogar por año.

# ¡Cuidado abajo!

Antes de que tuviéramos inodoros, la gente probaba muchas maneras diferentes de deshacerse de los excrementos.

En el pasado, la gente de las ciudades usaba **orinales**. A la gente le gustaba el hecho de poder usarlos en la comodidad de sus propias habitaciones. ¿Pero qué hacían cuando el orinal estaba lleno? Arrojaban el contenido por la ventana y, ¡ojalá que nadie estuviera parado abajo!

Los excusados exteriores llevaron los excrementos hacia afuera. Pero caminar hasta el baño en el medio de la noche podía resultar frío y oscuro.

Los romanos antiguos tenían inodoros públicos. Construían un banco largo con agujeros sobre una zanja profunda donde circulaba agua. Las personas se sentaban y conversaban mientras hacían sus asuntos.

# Jugo de moho

Muchos medicamentos salvan vidas, pero una de las invenciones médicas más importantes fue un accidente. En 1928, Alexander Fleming estaba trabajando con **bacterias**. Sabía que muchas enfermedades mortales eran causadas por bacterias. Un día, miró sus muestras. Una **espora** de moho había caído en el plato. Las bacterias cercanas al moho estaban muertas. Fleming comenzó a trabajar con el moho *penicillium*. Descubrió que podía matar a muchos tipos de bacterias. Al principio, llamó a esta sustancia *"jugo de moho"*. Pero pronto le cambió el nombre a *penicilina*. La penicilina fue el primer **antibiótico** moderno. Podía tratar muchas infecciones. Se han salvado tantas vidas gracias al medicamento, que ha sido llamado *droga milagrosa*.

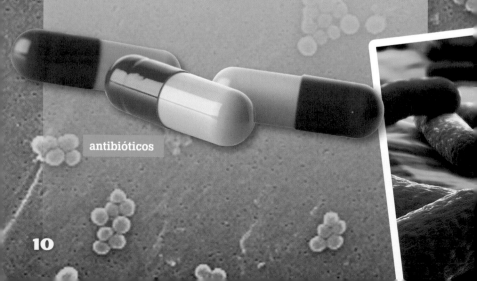

antibióticos

# Baño de sangre

Lo médicos no siempre han sabido qué causa las infecciones. Durante muchos años, los médicos pensaron que la gente podía curarse si le colocaban sanguijuelas hambrientas. Las sanguijuelas son animales parecidos a una babosa que beben sangre. Desafortunadamente, esto solo hacía que las personas enfermas se debilitaran más. A veces, incluso podía matarlas.

# Crisis médica

Algunas infecciones son causadas por virus, que son más pequeños y más peligrosos que las bacterias. Tomar antibióticos para una infección viral no ayuda. De hecho, puede ser nocivo. Si tomas antibióticos con demasiada frecuencia, las bacterias se fortalecerán y los antibióticos no funcionarán cuando exista una infección bacteriana.

bacteria E. coli

# Alimentos congelados

En 1912, Clarence Birdseye estaba en Canadá. Allí, los esquimales le mostraron cómo congelar peces en áreas muy frías. Los peces se congelaban apenas se sacaban del agua. Cuando los peces se descongelaban y se cocinaban, ¡tenían un sabor excelente! Birdseye regresó a los Estados Unidos. Ahora conocía el secreto para preparar alimentos congelados deliciosos. Cuanto antes se congelaran los alimentos, mejor sabor tendrían.

**Clarence Birdseye**

En 1925, dio a conocer su máquina de congelación rápida. Otras personas habían preparado alimentos congelados, pero no eran muy buenos. Los alimentos congelados en la máquina nueva eran mucho mejores. Muy pronto, se vendían alimentos congelados en los mercados de todo el mundo.

# Conversiones rápidas

En la escala Fahrenheit, 32 °F es el punto de congelación del agua. Estados Unidos es uno de los pocos países que usa la escala Fahrenheit para medir la temperatura. La mayor parte del mundo usa la escala Celsius. Las siguientes fórmulas muestran cómo convertir Celsius a Fahrenheit y Fahrenheit a Celsius.

Punto de congelación del agua: Fahrenheit 32° Celsius 0°

Punto de ebullición del agua: Fahrenheit 212° Celsius 100°

Los científicos creen que los alimentos que se almacenan a 0 °F se mantendrán aptos para ser consumidos por siempre. Pero la mayoría de los alimentos no mantendrán un buen sabor por siempre.

# Productividad

La ropa puede lavarse en una máquina. O puede lavarse a mano. De cualquier modo, la ropa estará limpia. Pero una opción requiere mucho menos trabajo que la otra. El lavado a mano requiere mucho esfuerzo. En un lavarropas, pueden lavarse muchas prendas al mismo tiempo. Coloca una carga, agrega el jabón y presiona un botón. Este tipo de tecnología mejora la **productividad**. Eso significa que el mismo trabajo puede realizarse sin tanto esfuerzo.

## Luces eléctricas

Muchos inventores quisieron crear las bombillas de luz eléctricas. Pero ninguno de ellos pudo crear bombillas que duraran lo suficiente. Un equipo liderado por Thomas Edison finalmente lo hizo. Descubrieron que las fibras del algodón horneadas en carbón resplandecían durante 13 horas. Poco después, probaron con carbón de bambú. ¡Duraron 1,200 horas!

# Luz ilimitada

Una bombilla de luz de Livermore, California, continúa encendida luego de 110 años. Fue colocada en 1901 para iluminar al departamento local de bomberos.

primeros diseños de la bombilla de luz

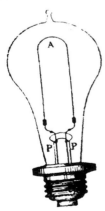

Fig. 9. Lampa żarowa Edisona.

Fig. 10. Lampa Maxime'a.

Fig. 11. Lampa Swana.

# La importancia de una bombilla de luz

Las bombillas de luz están en todas partes; en tu casa, en la calle, dentro de los automóviles, incluso en la Estación Espacial Internacional. Están en todos lados alrededor tuyo pero, ¿alguna vez has observado detenidamente lo que hay por dentro?

gas inerte
(gas que no reaccionará químicamente)

bombilla de vidrio

filamento de tungsteno

soporte de vidrio

alambres de soporte

Solo el 10 por ciento de la energía de una bombilla de luz común genera luz visible. ¡El otro 90 por ciento genera calor!

# ¡Intenta nuevamente!

El equipo de Edison probó más de 6,000 materiales antes de encontrar el correcto para fabricar una bombilla de luz duradera. Pero Edison creía que cada intento les enseñaba algo nuevo. Él dijo una frase famosa, "No he fracasado; simplemente he encontrado 10,000 cosas que no funcionan".

## Datos de iluminación por bombilla

| | |
|---|---|
| **Brillo** | 870 lúmenes |
| **Costo estimado de energía anual**<br>Con un consumo de 3 hs/día, 11¢/kWh<br>El costo depende de las tarifas y del uso | $1.57 |
| **Vida útil**<br>Con un consumo de 3 hs/día | 5.5 años |

**Luz**

Cálida              Fría

| | |
|---|---|
| **Energía Usada** | 13 watts |

**Contiene Mercurio**
Para obtener más información sobre la limpieza y el desecho seguro, visita epa.gov/cfl

El empaque de las bombillas de luz incluye información sobre la cantidad de luz que produce cada bombilla.

Thomas Edison

17

# Fuentes de energía

Antes de la bombilla de luz, la gente iluminaba sus casas con lámparas de aceite. En las ciudades, había líneas de gas natural conectadas a las casas. Esto les permitía usar lámparas a gas. Pero no iluminaban mucho.

Thomas Edison sabía que no vendería demasiadas bombillas de luz, a menos que la gente tuviera electricidad en sus casas. Entonces, inventó un sistema para proveérselas. Fue un paso importante para hacer que la electricidad fuera más popular.

## Choque de corriente

Nikola Tesla pensaba que la corriente alterna (CA) era el mejor tipo de electricidad para la gente. Edison pensaba que la corriente directa (CD) era mejor. La gente debatió acerca de qué forma era más económica y cuál más segura. Finalmente, ganó la idea de la CA de Tesla. Actualmente, casi toda la energía que usamos es CA.

Nikola Tesla

# ¿Hazaña o fracaso?

A veces, las invenciones y los fracasos vienen de la mano. Por ejemplo, los **combustibles fósiles** son **eficientes**. Y son fáciles de transportar. Abrieron el camino a sorprendentes tecnologías nuevas, como automóviles y aviones. Pero también contaminan el ambiente. Actualmente, los científicos trabajan para descubrir maneras de reemplazarlos.

# Computadoras

En 1821, Charles Babbage tuvo una idea. Quería inventar una máquina que pudiera **calcular**. De hecho, diseñó tres. Eran enormes y demasiado complicadas de construir para cualquiera. Pero sus ideas pusieron las cosas en movimiento. Estas máquinas serían la base para futuras computadoras.

Charles Babbage

En 1976, dos amigos llamados Steve Wozniak y Steve Jobs tuvieron una idea diferente. Querían fabricar computadoras más pequeñas que pudiera usar cualquier persona. Wozniak sabía que la clave eran los **microprocesadores**. Eran pequeños y económicos. En 1977, los amigos comenzaron a vender la computadora *Apple II*. Fue el comienzo de la **Revolución informática**.

Jobs y Wozniak trabajando en la *Apple II*.

## Avanzado para su época

Durante su vida, la gente podía ver que las ideas de Babbage eran brillantes. Pero Babbage las consideraba fracasos porque sus máquinas eran demasiado complicadas de construir en ese entonces. Más tarde, los ingenieros construyeron sus máquinas. ¡Y funcionaron! Lamentablemente, Babbage ya no estaba para verlo.

Babbage obtuvo su idea de usar tarjetas perforadas en su máquina a partir de este tipo de telar.

## Primer programador

El primer programa de computación fue escrito por Ada Byron, la condesa de Lovelace. Era amiga de Charles Babbage.

**21**

## Entonces y ahora

¿Puedes imaginarte la vida sin computadoras? Antes de ellas, el trabajo llevaba más tiempo. No resolvíamos tantas cosas. Y muchas cosas eran imposibles. Luego aparecieron las computadoras. Las primeras computadoras ocupaban una habitación entera. Realizaban tareas mucho más simples que las que realizan las computadoras modernas.

El Computador e integrador numérico electrónico *(ENIAC)* fue la primera computadora mundial con propósitos generales.

# ENTONCES

Esta máquina de 30 toneladas ocupaba una habitación entera.

Los trabajadores eran responsables de mover más de 6,000 interruptores a la posición de encendido o apagado.

Podía multiplicar 5,000 números en un segundo. Eso era 1,000 veces más rápido que una calculadora mecánica. Solo podía ejecutar un programa a la vez.

El *ENIAC* se construyó en los Estados Unidos en 1946.

Actualmente, hay computadoras de diferentes formas y tamaños. Hay computadoras de escritorio, computadoras portátiles y *tablets*. Y muchas cosas que no consideramos computadoras en realidad tienen computadoras adentro, como los automóviles y los teléfonos.

Las computadoras modernas son más de 10,000 veces más rápidas que el *ENIAC.*

Una computadora promedio actual pesa aproximadamente 30 libras. Las computadoras portátiles pueden pesar menos de dos libras.

Es posible que las computadoras del futuro sean tan delgadas y flexibles como una hoja de papel.

# Comunicación

¿Cuál es la invención más importante? Mucha gente dice que es la imprenta. Al principio, es posible que no parezca ser especial. Pero los libros y los periódicos ayudan a la gente a **comunicarse** con personas cercanas y lejanas. Las palabras y las imágenes nos ayudan a intercambiar información e ideas. Podemos enterarnos de que nuestro mejor amigo tiene un perro nuevo. O podemos comunicarle a la gente la existencia de un nuevo reloj diminuto proveniente de Japón. La invención de la imprenta nos permite compartir nuestras ideas con el mundo. Actualmente, compartimos ideas a través de las redes sociales, el correo electrónico, la televisión y los teléfonos. La gente siempre trabaja en nuevas maneras de comunicarse. ¡Eso se debe a que siempre hay algo más que decir!

"Uno nunca debería subestimar el poder de los libros".

—Paul Auster, escritor

# La imprenta

Hoy en día, la palabra impresa está en todos lados. Las bibliotecas están llenas de libros. Podemos escribir algo en una computadora y enviarlo a miles de personas para que lo lean. Pero no siempre fue así. Johannes Gutenberg inventó la imprenta de tipos móviles en 1440. Antes de eso, los libros eran difíciles de hacer. Debían escribirse y copiarse a mano. Solo la gente rica podía comprar libros. La mayoría de la gente incluso no sabía leer. Con la imprenta, se pudieron hacer grandes cantidades de libros de manera fácil y eficiente.

## La Biblia de Gutenberg

El primer libro importante que se imprimió mediante el uso de la imprenta fue la Biblia. Hoy, solo quedan 21 copias completas. Todas son conocidas como las Biblias de Gutenberg. Estos quizá sean los libros más valiosos del mundo. Un volumen se vendió por más de cinco millones de dólares. ¡Y una sola página puede costar hasta $25,000!

# ¡Fracaso financiero!

La imprenta fue un éxito enorme. Pero Gutenberg no se hizo rico ni famoso en su época. Su socio comercial lo demandó y obtuvo el control de su imprenta. En cierto momento, Gutenberg discutió con dos arzobispos y fue **exiliado** de la Iglesia católica.

Gutenberg inventó una tinta nueva a base de aceite para su imprenta.

# Cámaras

Hace cientos de años, las cámaras no existían. La única manera de capturar la imágen de un amigo era pintarla. Pero en 1816, un hombre llamado Joseph Nicéphore Niépce tuvo una idea. Comenzó a experimentar. En 1827, había tomado las primeras fotografías permanentes del mundo. Eran en blanco y negro. Y los sujetos tenían que quedarse quietos en frente de la cámara durante ocho horas.

Joseph Nicéphore Niépce

En 1888, George Eastman inventó un nuevo tipo de **película**. Era flexible y fácil de transportar. Eastman hizo una cámara simple para su película. La llamó la Kodak. Con esta película y esta cámara, cualquiera podía tomar fotos. No pasó mucho tiempo antes de que se inventaran las fotografías a color. Luego vinieron las imágenes con movimiento. Hoy en día, cualquier persona puede llevar una cámara y filmar películas a todo color.

## Primer aspecto

Esta es la foto más antigua que se conoce tomada por Niépce en 1825. No muestra un hombre y un caballo. Muestra un **grabado** de un hombre y un caballo. ¡Los objetos vivientes tendrían que haber permanecido quietos durante horas!

# ¡Falla de película!

Las películas envuelven a las personas con muchas imágenes y sonidos. ¿Por qué no incluir nuestros otros sentidos? En 1959, los teatros intentaron hacer que las personas olieran lo que se proyectaba en la pantalla. Se estrenó una película llamada *Scent of Mystery*. Cuando ciertas imágenes aparecían en la pantalla, se esparcían aromas en la habitación. Pero los aromas no llegaban a las personas en el momento indicado. Algunas personas quizá olían uvas mientras había una pipa en la pantalla.

Hoy en día, es posible tomar una foto digital e imprimirla en segundos o enviarla a los amigos.

# Teléfono

La madre de Alexander Graham Bell era sorda. Desde muy pequeño Bell estuvo fascinado por el sonido. Quería aprender cómo viajaba el sonido. Pensó que si transformaba los sonidos en electricidad, podría enviarlos a través de cables. Contrató a Thomas Watson, un ingeniero eléctrico. Los dos trabajaron en las ideas de Bell. Fabricaron un micrófono y un auricular. Estaban conectados por un cable. Transportaba las palabras pronunciadas en el micrófono hasta el audífono.

Bell llamó a Watson desde la otra habitación. "Sr. Watson, venga aquí. Quiero verlo". Estas fueron las primeras palabras pronunciadas a través del cable.

"Si quieres tener éxito, duplica tu porcentaje de fracasos".

—Thomas Watson

Alexander Graham Bell

# ¡Desperdicio de mil millones de dólares!

En 1998, una compañía llamada Iridium tuvo una idea audaz. Quería que las personas pudieran realizar llamadas desde cualquier lugar del mundo. Desafortunadamente, la idea fue extremadamente costosa. Además, requería que las personas transportaran teléfonos del tamaño de ladrillos. Iridium perdió más de mil millones de dólares es los primeros seis meses.

# Escalada de los teléfonos celulares

Actualmente, la mayoría de los estadounidenses tiene teléfonos celulares. De hecho, algunos solo usan teléfonos celulares. Fíjate cómo el uso del teléfono fijo en el hogar ha disminuido mientras que el uso del teléfono celular ha aumentado a través del estudio del monto promedio pagado por esos servicios a lo largo del tiempo.

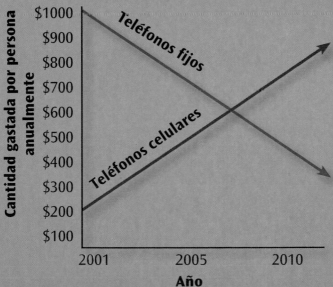

# ¡MÁS EN PROFUNDIDAD!

# ¡Eureka!

¿Te pusiste a pensar cuál será el próximo dispositivo sensacional del mundo? Sigue estos pasos para pasar de una idea a una invención.

## 1 ¡Imagínalo!

Pregúntate a ti mismo qué tipo de invención haría la vida más fácil. Junta elementos y comienza a generar ideas.

## 2 ¡Inténtalo!

Construye un modelo y pruébalo. ¿Podría reemplazar a una herramienta más vieja? Piensa acerca de quién querría comprarlo y dónde podrías venderlo.

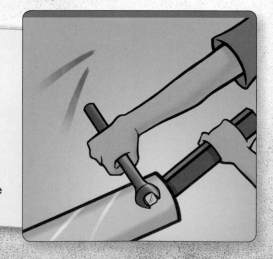

> "Para inventar, necesitas una buena imaginación y un montón de trastos".
>
> —Thomas Edison

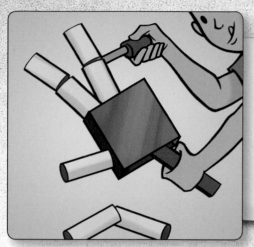

### ❸ ¡Perfecciónalo!

Realiza cambios según los resultados de tus evaluaciones. Busca la ayuda de otros expertos, en caso necesario.

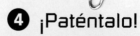

### ❹ ¡Paténtalo!

Cuando tu producto esté listo, llévalo a un abogado de **patentes**. El registro de una patente protegerá tu obra de aquellas personas que quieran adjudicarse el crédito de ella. Ahora, ¡es momento de compartirlo con el mundo!

# Transporte

En tiempos prehistóricos, las personas caminaban. No había automóviles, aviones ni trenes. Las calles eran simples senderos de tierra, aplastados por los pies de los humanos y las patas de los animales. La mayoría de las personas no se alejaba de sus casas. Trasladarse a otro pueblo podía requerir un día entero de caminata.

Pero a medida que la tecnología se desarrolló, el mundo se hizo más pequeño. La gente pudo viajar más lejos. Se inventó la rueda. Se usaban animales para facilitar el trabajo. Al tiempo, la gente los unió. Fabricaron carros que podían ser tirados por animales. Los viajes se hacían mucho más fáciles. Pero solo fue el comienzo, y actualmente aún seguimos explorando nuevas maneras de viajar.

## Largo alcance

Los avances en el transporte no trasladan solo a las personas. Carros, camiones, trenes y aviones transportan alimentos, correo, libros o ropa entre diferentes lugares. Sin estas invenciones, solo podríamos usar las cosas que están a nuestro alrededor. Y solo podríamos conocer a las personas que se encuentran a una distancia de nosotros que pudiéramos recorrer caminando.

# Evolucionando

## Los barcos

se usaron durante siglos para explorar el mundo. Hoy en día, transportan productos entre continentes.

## Las carretas

de caballo fueron unas de las primeras mejoras para evitar caminar.

## Los trenes

conectaban zonas por las que anteriormente era difícil pasar.

## Los automóviles

les permitieron a las personas viajar de manera más fácil desde el campo hasta la ciudad.

## Los aviones

aumentaron las oportunidades de viajar para todos.

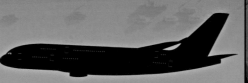

# La rueda

Actualmente, la rueda parece ser una idea obvia. Pero no sucedió todo de repente. Al principio, los primeros humanos usaban troncos para hacer rodar cargas pesadas. Estos fueron llamados **rodillos**. Luego, descubrieron que si ponían **rieles** debajo de las cosas pesadas era más fácil arrastrarlas. A esto se lo llamó **trineo**. Luego de eso, empezaron a combinar el trineo con los rodillos. Pronto, descubrieron que el trineo formaba ranuras a la altura de los rieles. Las ranuras permitían que el trineo se moviera más lejos y más rápido. Entonces, tallaron la parte interna de los rodillos para formar un **eje**. Unas clavijas sostenían la carga en su lugar y el rodillo rodaba debajo. ¡Se fabricó el primer carro sobre ruedas!

## Error de transporte

El *Segway* es una especie de monopatín de dos ruedas. Fue fabricado de manera que sería muy difícil caerse. Puede alcanzar aproximadamente 12.5 millas por hora. Más rápido que caminar pero más despacio que andar en bicicleta, nadie supo bien que hacer con eso. En 2006, solo se habían vendido unos 24,000.

# Dándole forma a la rueda

La rueda más antigua jamás encontrada estaba en la Mesopotamia. Tiene aproximadamente 5,500 años. Pero los investigadores creen que es posible que las primeras ruedas se hayan fabricado en Asia, aproximadamente en el 8000 a. C. Este diagrama muestra cómo los primeros humanos lentamente descubrieron cómo fabricar ruedas.

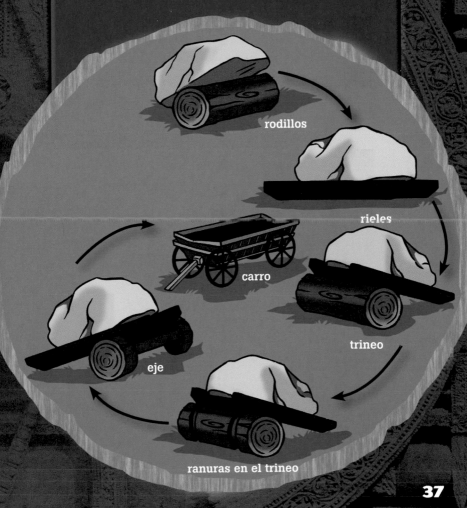

rodillos

rieles

carro

trineo

eje

ranuras en el trineo

# Motores a vapor y de combustión

Los motores hacen funcionar las cosas. Nos permiten recorrer distancias importantes. En el siglo XVIII, la gente descubrió cómo hacer funcionar máquinas al hervir agua. El vapor aumentaba la presión. La presión movía una bomba. Estas bombas podían colocarse en cualquier tipo de máquina. Podían hacer funcionar cualquier cosa, desde fábricas hasta barcos y trenes.

Durante el siglo XIX, se creó el **motor de combustión interna**. En este motor, la gasolina explotaba en un espacio pequeño. La explosión empujaba hacia arriba un pistón. La fuerza giraba una rueda. Como el combustible estaba dentro del motor, era muy eficiente. También significaba que los motores podían ser más pequeños, lo suficientemente pequeños para caber dentro de un automóvil. Al igual que con tantas invenciones, el mundo ya no ha sido el mismo.

## Grandes esperanzas

En 1973, Henry Smolinski decidió fabricar un automóvil que pudiera volar. Sujetó las alas y la cola de un avión *Cessna* a un Ford Pinto. Desafortunadamente, mientras lo probaba, el auto se desató. El Pinto cayó a la Tierra y mató al inventor y a su pasajero.

# Partes y piezas

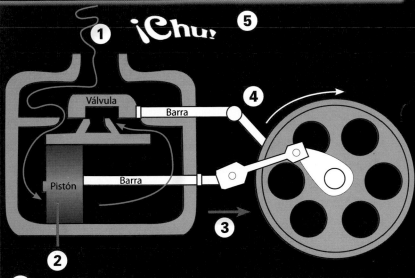

**1** A medida que el agua hierve en un tanque, se convierte en vapor. La presión empuja al vapor dentro del motor.

**2** A medida que el vapor incrementa, empuja al pistón hacia la derecha.

**3** El pistón está sujetado a la rueda a través de barras. A medida que el pistón se mueve, gira la rueda hasta la mitad del recorrido.

**4** A medida que la rueda se mueve, el otro brazo desliza una válvula hacia la izquierda. El vapor luego llena el lado derecho del motor y empuja al pistón hacia la izquierda. Esto hace que la rueda termine de completar el recorrido del giro.

**5** A medida que el pistón es empujado hacia atrás y hacia adelante, empuja el vapor viejo, que ahora son gases, fuera del motor. (Ese es el sonido "chu" que proviene de un tren a vapor).

# Lo más y lo menos destacado

Las invenciones han cambiado el mundo y seguirán haciéndolo durante muchos años. Cuando se inventan por primera vez, es probable que sea difícil determinar si se trata de una hazaña o de un fracaso. Pero con el tiempo, el verdadero éxito difícilmente pasa desapercibido.

## 800 a. C.

Se inventa el inodoro con sistema de descarga en la antigua Creta, pero la idea queda en la nada hasta 1596 d. C.

## 1842 d. C.

Ada Byron diseña el primer programa de computación.

## 1440 d. C.

Johannes Gutenberg inventa la imprenta pero obtiene poco dinero con ella.

**928 d. C.**
Alexander Fleming descubre
el poder de la penicilina, por
accidente.

¿Por qué crees que
cada una de estas
invenciones fue
importante?

¿Qué invenciones
necesitamos aún
hoy y cuáles están
desactualizadas?

¿Por qué crees que hay
tan pocas inventoras en
esta línea de tiempo?

**1976 d. C.**
Steve Jobs y Steve
Wozniak inventan
la computadora
*Apple II*, que
promueve miles
de invenciones
nuevas.

**1959 d. C.**
Las películas son una forma de
entretenimiento popular, pero la técnica
*Smell-o-Vision* apesta los teatros.

# Glosario

**antibiótico:** un medicamento que mata las bacterias

**asma:** una afección que provoca dificultad para respirar y opresión en el pecho

**bacterias:** organismos unicelulares

**calcular:** determinar matemáticamente

**combustibles fósiles:** los combustibles hechos de vestigios de plantas y animales

**comunicarse:** hacer conocer

**eficientes:** capaces de producir resultados sin perder tiempo o energía

**eje:** una clavija, un palo o una barra sobre o mediante la cual gira una rueda

**espora:** una célula pequeña o parte reproductiva de las bacterias o el moho

**exiliado:** ser echado o desterrado

**grabado:** una impresión hecha mediante el uso de una placa de madera o metal que tiene un diseño tallado

**hazaña:** un gran logro

**microprocesadores:** circuitos diminutos que procesan información para las computadoras

**motor de combustión interna:** un motor que produce energía quemando combustible

**orinales:** tazones que la gente tenía en sus habitaciones para recolectar los excrementos humanos

**patentes:** licencias que dicen que te pertenece el derecho de haber fabricado una invención

**película:** un rollo delgado o cinta cubierta con una
sustancia química sensible a la luz y usada para tomar
fotos

**productividad:** la capacidad de realizar un trabajo

**Revolución informática:** un período de tiempo que
comenzó en la década de 1970, cuando la gente
comenzó a usar computadoras más pequeñas para
realizar más tareas

**rieles:** tiras de metal o madera colocadas debajo de algo
para facilitar el arrastre

**rodillos:** cilindros que rotan alrededor de un eje central,
por ejemplo, un tronco que gira

**tecnología:** el uso del conocimiento para realizar tareas, y
que incluye máquinas, procesos y métodos

**trineo:** un plataforma deslizante para arrastrar cargas
pesadas

# Índice

# Bibliografía

**Chaline, Eric.** *History's Worst Inventions.* **New Holland Publishers, Limited, 2009.**

Lee acerca de algunas de las peores invenciones del mundo y sus creadores. Hay un sobretodo paracaídas, una locomotora demasiado pesada para sus vías y una droga en estudio que casi mata a los sujetos que la probaron.

**Challoner, Jack.** *1001 Inventions That Changed the World.* **Barron's Educational Series, 2009.**

Este libro incluye fotos e ilustraciones acerca de las historias que están detrás de las invenciones de elementos médicos, electrónicos, de transporte y de servicio.

**Claybourne, Anna.** *The Story of Inventions.* **Usborne Publishing Limited, 2007.**

Encuentra información de todo tipo, desde la rueda hasta las notas adhesivas, todo con ilustraciones detalladas. Descubre cómo, cuándo y por qué se realizaron grandes invenciones.

**Daynes, Katie.** *The Story of Toilets, Telephones and Other Useful Inventions.* **Usborne Publishing Limited, 2004.**

Este libro incluye una historia graciosa e informativa acerca del inodoro, el teléfono, los alimentos congelados, las redes de fútbol, las invenciones espaciales y más.

**Frith, Alex.** *See Inside Inventions.* **Usborne Publishing Limited, 2011.**

Solapas que revelan material gráfico detallado que muestra el trabajo interno oculto dentro de las invenciones. Este libro también explica las diferencias entre descubrimiento, invención e innovación.

# Más para explorar

## How Stuff Works: Engineering Channel

*http://www.howstuffworks.com*

Haz clic en la pestaña *Science* y luego en *Engineering* a la izquierda. Este sitio web incluye secciones que describen cómo funciona casi cualquier cosa, como robots, toboganes acuáticos y *Segways*.

## Inventions and Technology Links

*http://kids.nypl.org*

Haz clic en la pestaña *Science and Technology* de la esquina superior izquierda. Haz clic en la opción *Inventions and Technology*, a la derecha de la rana. Esta lista contiene múltiples sitios web sobre invenciones y tecnología.

## Smithsonian Education: Students

*http://airandspace.si.edu/wrightbrothers*

Haz clic en *Online Exhibition* para ver un homenaje detallado a los hermanos Wright. La exposición abarca la invención del vuelo e incluye algunas fotos rara vez vistas de los hermanos Wright.

## Time Specials: 50 Worst Inventions

*http://www.time.com*

¡Descubre lo mejor de lo peor! En la barra de búsqueda, a la derecha, escribe *worst inventions*. Haz clic en cualquiera de las 50 peores invenciones y navega a través de ellas con los botones *Back* y *Next*, o haz clic en *View All* para ver la lista de todas las 50.

## Kid Inventors in History

*http://www.kidzworld.com/article/1010-kid-inventors-in-history*

Conoce diferentes invenciones que los niños han realizado a lo largo de la historia. Es posible que te sorprendas al descubrir lo que otros niños han inventado.

# Acerca de la autora

Stephanie Paris es una californiana de séptima generación. Se graduó como licenciada en Psicología en la Universidad de California, Santa Cruz, y obtuvo su licencia como docente de varias materias en la Universidad Estatal de California, San José. Ha sido docente de aula de la escuela primaria, docente de computación y tecnología de la escuela primaria, madre que imparte educación en el hogar, activista educativa, autora educativa, diseñadora web, *blogger* y líder de las *Girl Scouts*. Actualmente vive con su esposo y sus hijos en Alemania, donde adora estar al tanto de los últimos aparatos y dispositivos.